1880. 17 Décembre

481

Vente du Vendredi 17 Décembre 1880

HOTEL DROUOT, SALLE N° 5

A DEUX HEURES

TABLEAUX ANCIENS

DES DIVERSES ÉCOLES

Deux Intérieurs, par David TÉNIERS

Portrait de M. de Joly, par VESTIER

Précieuse petite Peinture, par CALLOT

DESSINS — AQUARELLES

GRAVURES ANCIENNES

CADRES DORÉS

EXPOSITION PUBLIQUE

Le Jeudi 16 Décembre 1880, de une heure à cinq heures.

Me BAUDRY
COMMISSAIRE-PRISEUR
Rue Saint-Georges, n° 24

M. GEORGE
EXPERT
rue Laffitte, n° 12

PARIS — 1880

Vᵉˢ RENOU, MAULDE et COCK
IMPRIMEURS DE LA COMPAGNIE DES COMMISSAIRES-PRISEURS
Rue de Rivoli, 144

CATALOGUE

DE

TABLEAUX ANCIENS

DES DIVERSES ÉCOLES

Barroche, De Bois, De Marne, De Roy, De Wett
Duplessis-Bertaux, J. Van Goyen
Lépicié, Le Barbier, Mabuse, G. Michel, Moucheron, Neeffs
Van Orley, Rottenhamer, J. Ruysdaël
Saft-Leven, Taunay, Vigée-Lebrun, Vleughels
Vander Werf, etc.

Deux Intérieurs, par David TÉNIERS

Portrait de M. de Joly, par VESTIER

Précieuse petite Peinture, par CALLOT

Avec Cadre en bronze ciselé de l'époque Louis XIV

DESSINS — AQUARELLES

ucher, Bourguignon, Cham, Daumier, Gavarni, Lami, Monnier, Moucheron
L. Watteau, etc.

GRAVURES ANCIENNES

OUVRAGES A FIGURES

CADRES DORÉS

Dont la vente aura lieu

HOTEL DROUOT, SALLE N° 5

Le Vendredi 17 Décembre 1880

A DEUX HEURES

Par le ministère de **Me BAUDRY**, Commissaire-Priseur,
rue Saint-Georges, 24,
Assisté de **M. GEORGE**, Expert, rue Laffitte, 12.

EXPOSITION PUBLIQUE

Le Jeudi 16 Décembre 1880, de 1 heure à 5 heures.

PARIS — 1880

CONDITIONS DE LA VENTE

Elle sera faite au comptant.

Les Acquéreurs paieront CINQ POUR CENT, en sus des enchères, applicables aux frais.

DESIGNATION

TABLEAUX

BARROCHE

1 — Laissez venir à moi les petits enfants.

Agréable composition. Peinture sur cuivre.

H. 40 c. L. 32 c.

BELLOTTO

2 — Ruines du temple de Pallas.

H. 17 c. L. 20 c.

BOURDON (Sébastien)

3 — La Vierge aux Anges.

Cadre sculpté.

H. 36 c. L. 25 c.

BROSS (Signé J.-J.).

4 — La Parade du charlatan.

Effet de nuit.

H. 17 c. L. 19 c.

5 — Le Duel.

Pendant du précédent.

BRUGGHEN (H.)

6 — Le Joueur de mandoline.

Signé et daté 1625.

H. 1 m. L. 80 c.

BURCH (Vander)

7 — Paysage.

CALLOT (Jacques)

8 — Le Calvaire.

Ce sujet est représenté par un grand nombre de figures infiniment petites, et cependant touchées avec esprit et admirablement mouvementées.

Cette précieuse peinture, exécutée sur une plaque de lapis, est placée dans un cadre Louis XIV en bronze doré, véritable chef d'œuvre de goût et de délicatesse de ciselure.

Ovale. — H. 9 c. 1/2 L. 12 c.

CASTRO DI PEDRO

9 — Gravures et Dessins (Trompe-l'œil).

CHARDIN (Genre de)

10 — Nature morte.

Légumes, figues, pêches et pain sur une table.

Toile. — H. 52 c. L. 75 c.

CUYP

11 — Cavalier au repos.

H. 34 c. L. 42 c.

CUYP (Attribué à)

12 — La Gardeuse de vaches.

Bois. — H. 55 c. L. 43 c.

DE BOIS (Cornille)

13 — Paysage.

Villageois sur une route.

H. 26 c. L. 35 c.

DE HEEM (C.)

14 — Nature morte.

Raisins, figues dans un plat en métal, raisins, prunes et cerises.

H. 70 c. L. 50 c.

DE MARNE

15 — Un Marché.

Des marchands de bestiaux, des saltimbanques qui font la parade sont installés sous les arbres d'un quai au bord duquel sont amarrées des barques et des péniches. Charmante composition animée d'une quantité de personnages.

H. 53 c. L. 70 c.

DE ROY (J.-B.)

16 — Pâturage.

Des bergers gardent un nombreux troupeau composé de vaches, moutons, brebis, chèvres et chevreaux.

Œuvre capitale de l'artiste, signée et daté 1789.

Cadre sculpté.

Bois. — H. 69 c. L. 88 c.

DE VOS (Attribué à MARTIN)

17 — Trois Personnages en prière vus à mi-corps (XVIe siècle).

H. 45 c. L. 75 c.

DE WETT

18 — Thamar montre à Juda les bijoux qui lui ont été offerts par Sella. Effet rembranesque.

Beau cadre ancien en bois sculpté.

H. 50 c. L. 67 c.

DOLCI (Attribué à C.)

19 — Le Sauveur du monde représenté au milieu d'une guirlande de fleurs.

Cadre sculpté.

H. 92 c. L. 72 c.

DROLLING

20 — La petite Laitière et le petit Moissonneur.

DUPLESSIS-BERTAUX

21 — Cavaliers, militaires et Bestiaux.

Deux pendants.

ÉCOLE FLORENTINE

(XVIe siècle)

22 — Deux petits Panneaux représentant des anges sur fond doré, peintures d'un très beau style, rappelant les œuvres d'Andrea del Sarto.

EISEN (Signé)

23 — Le Maître d'école.

GILLEMANS

24 — Nature morte. Deux pendants.

Coffrets, bijoux, prunes, etc.
Cadres sculptés.

H. 36 c. L. 29 c.

GOYEN (Jan Van)

25 — Rivière de Hollande.

Les arbres qui bordent la rive, se reflètent dans l'eau et masquent en partie plusieurs chaumières. Exécution vive et légère.

Bois. — H. 42 c. L. 60 c.

HUET (J.-B.)

26 — Les Pigeons.

HUYSMANS

27 — Paysage italien (Le Torrent).

H. 36 c. L. 46 c.

JORDAENS

28 — Le Bénédicité.

H. 42 c. L. 58 c.

KAREL DU JARDIN (D'après)

29 — Le Musicien ambulant.

LAGRENÉE

30 — Femme nue couchée.

Cadre Louis XVI sculpté. Ovale.

H. 56 c. L. 85 c.

LAHYRE

31 — La Madeleine.

LANFRANC

32 — Saint Sébastien.

LE BARBIER

33 — Angélique et Médor.

H. 31 c. L. 39 c.

LEFÈVRE

34 — La jeune Fille aux colombes.

Peinture décorative.

H. 142 c. L. 90 c.

LÉPICIÉ

35 — Jeune Fille assise dans un parc.

Bois. — H. 41 c. L. 30 c.

MAAS (Attribué à)

36 — Portrait d'homme.

MABUSE (JAN de)

37 — La Vierge et l'Enfant Jésus.

La Vierge soutient sur l'appui d'un balcon l'Enfant Jésus, enveloppé dans les plis d'un long voile qui lui sert de coiffure et retombe par dessus son épaule droite.

Bois cintré du haut.

H. 1 m. 04 c. L. 71 c.

MICHEL (G.)

38 — Paysage.

Routes à travers un site parsemé de mamelons sablonneux, vivement éclairés, nuages gris très mouvementés.

Vente Laperlier.

H. 48 c. L. 65 c.

MICHEL

39 — Vue d'une plaine.

Première manière du peintre.

MIGNARD

40 — Jésus enfant.

Petite peinture ovale sur cuivre.

MOLYN (P.)

41 — Paysage.

MOUCHERON (J.)

42 — Architecture et Figures.

Nombreux personnages arrêtés devant le pérystile d'un palais, auprès d'une fontaine.

Les figures habilement peintes sont attribuées à Adrien Vanden Velde.

Toile. — H. 96 c. L. 58 c.

NEEFS (Peeter)

43 — Intérieur d'église gothique.

Bois. — H. 31 c. L. 43 c.

NEER (Genre de Vander)

44 — Paysage (Clair de lune).

ORLEY (B. Van)

45 — Tarquin et Lucrèce.

Bois. — H. 44 c. L. 31 c.

PARRA (Miguel)

46 — Couronnes de fleurs et Chute d'eau.

H. 114 c. L. 80 c.

PAU DE SAINT MARTIN

47 — Deux Paysages.

48 — Deux Tableaux représentant des chiens.

RAFFET

49 — Napoléon la veille d'Austerlitz.

RAOUX (Attribué à)

50 — Sainte en prières.

Cadre sculpté.

RAVESTEYN

51 — Portrait de femme.

Bois. — H. 42 c. L. 34 c.

REYNAULT (F.)

52 — Jeune Fille dans le bois.

RICCI (Sebastiano

53 — Composition allégorique.

RIBERA (?)

54 — Un Saint évangéliste.

ROTTENHAMER

55 — Composition allégorique.

Peinture sur cuivre, très-fine.

H. 23 c. L. 17 c.

RUYSDAEL (J.)

56 — La Passerelle.

Un homme, portant une hotte, s'engage sur un pont en planches qui traverse un cours d'eau bordé de saules. Ciel gris nuageux.

Bois. — H. 13 c. L. 13 c

SAFT-LEVEN (Herman)

57 — Vue des bords du Rhin.

Paysage d'une vaste étendue, animé d'une infinité de figurines. Exécution très soignée. Bel état de conservation.

Signé du monogramme et daté 1671.

Cuivre. — H. 35 c. L. 47 c.

SAFT-LEVEN (HERMAN)

58 — Les Bords du Rhin.

Nombreux bateaux et batelets sur le fleuve. Quantité de personnages.

Monogramme et daté 1655.

Bois. — H. 37 c. L. 45 c.

SARTO (École d'ANDRÉA DEL)

59 — Le repos de la sainte Famille.

Figures de grandeur naturelle.

Toile. — H. 1 m. 12 c. L. 83 c.

SNAYERS (PIERRE)

60 — Une Bataille.

Fantassins aux prises avec des cavaliers.

H. 98 c. L. 135 c.

TAUNAY

61 — Le Duel.

Composition de douze figures.

Joli tableau. Signé.

H. 17 c. L. 23 c.

TAUNAY

62 — Marine (Temps d'orage).

TÉNIERS (David)

63 — Intérieur de ferme.

Un paysan jette du grain à des poules, à l'entrée d'une pièce très vaste encombrée d'ustensiles divers, et dans le fond de laquelle on distingue une porcherie. Coloration grise très fine.

H. 43 c. L. 32 c.

TÉNIERS (David)

64 — La Cuisinière flamande.

Assise sur une chaise basse, elle pèle des pommes ; à terre des choux, des concombes, une bassine de cuivre, divers ustensiles de ménage. Des fromages dans une terrine et un verre sont placés sur un billot. Dans le fond de la pièce, quatre paysans se chauffent devant une cheminée.

Bois. — H. 35 c. L. 52 c.

TILBORCH

65 — Intérieur flamand.

H. 44 c. L. 36 c.

VAN GORP

66 — Portrait d'homme.

VALLAYER-COSTER

67 — Nature morte.

Botte de radis, pieds de porcs dans un plat, pain, salière bouteille de vin.

Toile. — H. 32 c. L. 23 c.

VERDUSSEN

68 — Halte de cavaliers.

Deux Pendants.

VERNET (École de JOSEPH)

69 — Marine.

H. 90 c. L. 1 m. 42 c.

VESTIER (Antoine)

70 — Portrait de M. de Joly, dernier ministre de la Justice de Louis XVI, qu'il a accompagné au Temple.

Il est représenté à mi-corps, de face, les cheveux poudrés de blanc, en habit de velours violet, gilet à ramages, cravate et jabot ; il tient un livre et est accoudé sur une table où l'on voit sa traduction de *Marc-Aurèle*.

Toile. H. 80 c. L. 62 c.

VIGÉE-LEBRUN (Mme)

71 — Portrait de jeune femme.

En buste de trois quarts, longs cheveux blonds, peignoir décolleté.

Ovale. — H. 52 c. L. 42 c.

VLEUGHELS (Chevalier)

72 — Numa Pompilius et la Nymphe Egérie.

Tableau gravé, cadre sculpté.

H. 20 c. L. 22 c.

WERFF (P. Vander)

73 — Portrait de l'artiste.

Coiffé d'un béret de velours, portant une veste de soie à manches tailladées, il a la palette à la main et est assis devant son chevalet, dans un atelier encombré de cartons, de statues, etc...

Signé : P. Vander Werff.

Bois. — H. 28 c. L. 21 c.

WERTMULLER (A.)

74 — Ariane abandonnée et l'Amour couché.

Deux pendants signés et datés ainsi : *A. Wertmüller à Paris*, 1788.

Toile. — H. 31 c. L. 40 c.

ZEEMAN (Renée)

75 — Deux Marines.

ÉCOLE ESPAGNOLE

76 — La Vierge et l'Enfant Jésus.

ÉCOLE ITALIENNE

77 — Buste de la Vierge, forme ovale.

Cadre sculpté.

ÉCOLE FRANÇAISE

(XVIIIe siècle)

78 — La Leçon de lecture.

Toile. — H. 39 c. L. 30 c.

ÉCOLE FRANÇAISE

(Époque Louis XVI)

79 — Deux Panneaux de voiture, représentant l'un, des faisans, l'autre des pélicans.

H. 48 c. L. 70 c.

ÉCOLE FRANÇAISE

80 — Deux Portraits d'homme : un Navigateur et un Savant.

ÉCOLE FRANÇAISE

81 — Déjeuner sur l'herbe.

82 — Deux Tableaux de Fruits.

Forme ovale.

83 — La Vierge et l'Enfant.

Cuivre, forme ovale.

84 — Portrait d'homme.

De trois quarts, longs cheveux tombant sur les épaules, enveloppé dans un manteau.

85 — La Nativité.

86 — Joseph vendu par ses frères.

87 — Deux Tableaux.

88 — Plusieurs Cadres dorés, sous ce numéro.

DESSINS, AQUARELLES

89 — **Boucher** (Fr.). La Leçon de lecture (Charmant Dessin à la sanguine).

90 — **Boucher** (F.). Joueuse de guitare (Crayon noir).

91 — **Bourguignon** (J. C.). Combat de cavaliers (Beau Dessin, plume et lavis).

92 — **Francia**. Port de mer (Aquarelle).

93 — **Francia**. Marine (Aquarelle).

94 — **Lami** (Eugène). Le Raccoleur (Aquarelle).

95 — **Mayer**. Paysage et Animaux (Gouache).

96 — **Moucheron**. Paysage (Encre de Chine).

97 — **Parizeau**. La Bergère (Plume et sépia).

98 — **Poussin** (Nic.). Dessin à la sanguine.

99 — **Watteau** (Louis). Mercure et Cérès (Crayon noir). et sanguine).

100 — **École française**. Démocrite (Crayons de couleurs).

101 — Deux Paysages dans le même cadre (Crayon noir).

102 — Deux Gouaches (Paysages), signées D., 1816.

GRAVURES, LIVRES A FIGURES

103 — *Tableaux historiques de la Révolution française.* Magnifique recueil, in-fol. de planches gravées par Copia, Chauffart, Duplessis-Bertaux, etc., relié en quatre volumes. Typographie de Didot l'aîné.

104 — *La Galerie du Palais du Luxembourg*, peinte par Rubens, dessinée par NATTIER, et dédiée au Roi, 1710.

105 — *Deux Gravures en couleurs*, par Bartolozzi, d'après Coypel; Flore et Zéphyr, Vertumne et Pomone.

106 — Le *Collin-Maillard* et la *Bascule*, par BEAUVARLET, d'après *Fragonard*.

107 — L'*Accordée du village* et le *Paralytique*, par FLIPART, d'après *Greuze*.

108 — Marines et Ports de mer, d'après J. VERNET.

109 — Fêtes flamandes, par LEBAS, d'après TÉNIERS.

110 — Le Congrès de Munster, par SUYDERHOEF, d'après TERBURG.

111 — La Chûte des anges rebelles par le même, d'après RUBENS.

112 — Suite de grandes Pièces, d'après RUBENS.

113 — Lots de Gravures et Dessins.

114 — Deux Pièces par *Aldegraver*, 1554.

115 — Deux Gravures par *Lebas*, d'après *Téniers*.

116 — Deux Gravures par *Lebas*, d'après *Claude Lorrain*.

117 — Gravures : Une Pièce en couleurs d'après *Vincent*, — Une autre de l'École anglaise.

118 — Deux petites Pièces, d'après *Greuze* (la Malédiction paternelle et le Fils puni).

119 — Huit Pièces : Petites Gravures, Livres, Cadres, contenant des empreintes de camées.

120 — Trompe-l'œil représentant des assignats.

TABLEAUX, DESSINS

VENTE APRÈS DÉCÈS DE M. M.

121 — **Diaz** (Émile). Étang en forêt.

122 — **Diaz** (Émile). Intérieur de forêt.

123 — **Dupré** (Victor). Paysage).

124 — Quatre Paysages dans le même cadre.

125 — Fouine et Perdrix.

126 — **Verreaux**. Cabane sur la hauteur (Dessin).

127 — **Gavarni**. Deux Sujets (Charges) tirés de Rabelais.

128 — Cadre contenant plusieurs Dessins et Aquarelles de Gavarni.

129 — Cadre contenant divers Croquis et Charges par Granville.

130 — Sept Dessins par Monnier, Charlet, Daumier, Cham, Traviés, sous ce numéro.

Vve Renou, Maulde et Cock, impr^rs de la Compagnie des Commissaires-Priseurs, rue de Rivoli, 144. 13051

www.ingramcontent.com/pod-product-compliance
Ingram Content Group UK Ltd.
Pitfield, Milton Keynes, MK11 3LW, UK
UKHW021031260726
13994UKWH00005B/2072

9 782329 511054